BEI GRIN MACHT SICH IHR WISSEN BEZAHLT

AF136031

- Wir veröffentlichen Ihre Hausarbeit,
  Bachelor- und Masterarbeit

- Ihr eigenes eBook und Buch -
  weltweit in allen wichtigen Shops

- Verdienen Sie an jedem Verkauf

Jetzt bei www.GRIN.com hochladen und kostenlos publizieren

GRIN

Bibliografische Information der Deutschen Nationalbibliothek:

Die Deutsche Bibliothek verzeichnet diese Publikation in der Deutschen National-bibliografie; detaillierte bibliografische Daten sind im Internet über http://dnb.d-nb.de/ abrufbar.

Impressum:

Copyright © 2019 GRIN Verlag
Druck und Bindung: Books on Demand GmbH, Norderstedt Germany
ISBN: 9783346011862

Dieses Buch bei GRIN:

https://www.grin.com/document/496598

Anonym

Die mazedonische Frage. Ethnische Minderheiten, Mehrsprachigkeit und Schriften in Süd-Ost-Europa

GRIN Verlag

GRIN - Your knowledge has value

Der GRIN Verlag publiziert seit 1998 wissenschaftliche Arbeiten von Studenten, Hochschullehrern und anderen Akademikern als eBook und gedrucktes Buch. Die Verlagswebsite www.grin.com ist die ideale Plattform zur Veröffentlichung von Hausarbeiten, Abschlussarbeiten, wissenschaftlichen Aufsätzen, Dissertationen und Fachbüchern.

Besuchen Sie uns im Internet:

http://www.grin.com/

http://www.facebook.com/grincom

http://www.twitter.com/grin_com

Die mazedonische Frage

Proseminar

SS 2019

31. Juli 2019

Inhalt

Einleitung

Die Unabhängigkeitsbewegung der Bulgaren, die 1878 in der Errichtung eines autonomen Fürstentums in Nordbulgarien gipfelte, verfolgte das langfristige Ziel, die Gebiete des mittelalterlichen bulgarischen Reiches für den jungen Nationalstaat zu erobern.[1] In diesem Zusammenhang war die Befreiung Mazedoniens von der osmanischen Herrschaft und die staatliche Anbindung dieses Gebiets, das im Mittelalter zeitweise zum bulgarischen Reich gehört hatte, von großer Bedeutung. In den 1890er Jahren wurden in den europäischen Provinzen des Osmanischen Reiches – Mazedonien und Adrianopel – geheime Revolutionskomitees eingerichtet, um die slawische Bevölkerung für einen bulgarisch-nationalen Befreiungskampf zu mobilisieren. Bald jedoch widersetzten sich griechische und serbische Nationalisten diesem bulgarischen Streben und beanspruchten ihrerseits Mazedonien für sich. Ihre Regierungen warteten nur auf einen politischen Moment, um Mazedonien zu annektieren. Die „Mazedonische Frage" bildete somit ein Teilproblem der Orientalischen Frage, die im Zuge des fortschreitenden Machtverfalls des Osmanischen Reiches die politisch-territorialen Verhältnisse auf dem Balkan neu zu ordnen hatte.[2]

Als geographischer Begriff wurde „Mazedonien" seit Beginn des 19. Jahrhunderts gebraucht und bezieht sich in etwa auf das Gebiet von Vardar-Mazedonien, Ägäis-Mazedonien und Pirin-Mazedonien.[3] Zu Beginn des 20. Jahrhunderts war Mazedonien jedoch weder eine geographische noch eine ethnische Einheit. Die osmanische Regierung kannte den Namen „Mazedonien" entsprechend nicht. Der europäische Besitz dieses Reiches wurde ab 1864 in sechs Verwaltungseinheiten (*Vilayets – türkisch*) aufgeteilt: Adrianopel (Edirne), Saloniki (Thessaloniki), Manastir (Bitola), Janina (Ioannina), Skutari (Shkodra) und Kosovo.[4] Erst nach dem Aufkommen der mazedonischen Frage mit dem Abschluss des Berliner Kongresses und insbesondere nach dem Beginn der europäischen Reformaktion in Mazedonien im Jahr 1903 drang „Mazedonien" als Begriff in das osmanische Bewusstsein ein.

Mazedonien war ein Gebiet, in dem fast ausschließlich Bulgaren lebten. Im Vorfrieden von San Stefano im Jahr 1878 war auf dieser Grundlage die Schaffung eines bulgarischen

---

[1] Vgl.: Fikret Adanir, Die makedonische Frage. Ihre Entstehung und Entwicklung bis 1908, Wiesbaden 1979, S. 12.
[2] Vgl.: Ebda., S. 12.
[3] *Vardar-Mazedonien ist das Gebiet den jugoslawischen Teil Mazedoniens oder heute Nordmazedonien. Ägäis-Mazedonien liegt in Nordgriechenland bzw. die Region des Nordgriechenland und Pirin-Mazedonien liegt im Westsüdbulgarien bzw. die Provinz von Blagoevgrad.*
[4] *Edirne – türkische Stadt im europäischen Gebiet. Manastir in albanisch und in mazedonisch Bitola – nordmazedonische Stadt in Süd-Nordmazedonien. Janina in albanisch und Ioannina in griechisch – heute griechische Stadt in Nordwestgriechenland. Shkodra liegt in Nordalbanien.*

Staates vorgesehen, der ganz Mazedonien umfassen sollte. Zu dieser Zeit waren die Nationalstaaten und heutigen Nationen der Bulgaren, der Griechen und der Serben bereits gegründet worden oder standen kurz davor. Zwischen ihnen fand ein kultureller Kampf um den Einfluss im mazedonischen Territorium statt. Jede Kampfpartei wollte so viele Mitglieder wie möglich für ihre jeweilige Kulturnation gewinnen. Damit verbunden waren die jeweiligen Begründungen von Gebietsansprüchen. Zwei Balkankriege von 1912/13 führten zunächst zum Ende der osmanischen Herrschaft über Mazedonien und zur Aufteilung des Landes zwischen Bulgarien, Griechenland und Serbien, mit erheblichem Konfliktpotential. Erst während des Zweiten Weltkrieges kam ein neuer Faktor hinzu: Die Anerkennung und Etablierung der slawischen Mazedonier als „unabhängige" Kulturnation. Obwohl diese Anerkennung und Etablierung für Griechenland, Serbien und Albanien bzw. die Albaner in Nordmazedonien ausgeschlossen ist, gilt sie bis heute für Bulgarien. Zwischen Bulgarien und Mazedonien (heute Nordmazedonien) gibt es bis heute keine Lösung, um diese Anerkennung auszuschließen.

Diese Arbeit beschäftigt sich mit der mazedonischen Frage, die historisch und sprachlich keine Verbindung zum alten Mazedonien darstellt, außer dem Territorium des Alexanderreiches, sondern nur mit den Slawen. Das erste Kapitel befasst sich mit der alten mazedonischen Frage. Es wird erörtert, inwieweit in der Zeit vor dem Zweiten Weltkrieg eine mazedonische Nationalität und eine mazedonische Sprache vorausgesetzt werden kann. Das zweite Kapitel befasst sich mit der Entwicklung der mazedonischen Nationalität in einem eigenen Staat und dem Schlüssel zu dieser Identität, der in der Sprache zu liegen scheint. Das dritte Kapitel beschäftigt sich mit den politischen Implikationen der alphabetischen und sprachlichen Frage. Das vierte Kapitel behandelt den bulgarisch-mazedonischen Streit um die Legitimität einer mazedonischen Standardsprache. Das letzte Kapitel schließlich befasst sich mit der Zeit nach der Unabhängigkeit Mazedoniens.

Die „alte" mazedonische Frage

Die „mazedonische Frage" des 19. Jahrhunderts war ein Unterpunkt der orientalischen Frage, d.h. des äußert komplizierten Zusammenspiels der teils übereinstimmenden, teils unterschiedlichen Interessen des Osmanischen Reiches, der europäischen Mächte Österreich-Ungarn, Russland, Großbritannien und etwas später Griechenlands, Serbiens, Bulgariens und schließlich Albaniens.[5] In der kommunistischen Ära war eine Frage zwischen Mazedonien und

---

[5] Vgl.: Stefan Troebst, Von der Makedonischen Frage zur Albanischen Frage, in: Valeria Heuberger u.a. (Hg.), Der Balkan. Friedenszone oder Pulverfaß, Wien u.a. 1996, S. 127-138, hier S. 128.

4

Bulgarien besonders umstritten, über die im Übrigen bis heute keine Einigung erzielt werden konnte. Es wurde zwischen den Nachbarländern immer wieder diskutiert, ob die Gründung des mazedonischen Staates als Republik des sozialistischen Jugoslawiens, einschließlich der Einführung der mazedonischen Amtssprache, den Abschluss eines langwierigen Nationalbuilding-Prozesses darstellte oder ob diese Gründung fällig auf die politischen Interessen Jugoslawiens war.[6]

Den osmanischen Herrschern war weder „Mazedonien" bekannt, noch betrachteten sie diese Region als eine Einheit. Ursprünglich war dieses Gebiet Teil des *Beylerbeyilik Rumili* (Rumelia), ab 1864 wurde es in die sechs *Vilayets* Saloniki, Adrianopel, Janina, Skutari, Manastir und Kosovo aufgeteilt. Erst zu Beginn des 19. Jahrhunderts wurde der Begriff „Mazedonien" in der europäischen Kartographie aus den antiken Schriften wieder aufgegriffen, als man sich um die Struktur der Balkanverhältnisse bemühte.[7] Mitte des 19. Jahrhunderts begannen Griechen, Serben und Bulgaren um das mazedonische Territorium zu konkurrieren. Alle drei Parteien versuchten, die Slawen auf mazedonischem Boden durch Propaganda und Gründung von Schulen für ihre Nation zu gewinnen. Nach dem russisch-türkischen Krieg von 1877/78 fiel Mazedonien an den bulgarischen Staat. Während der Balkankriege von 1912 und 1913 eroberten die Verbündeten Bulgarien, Serbien und Griechenland das mazedonische Territorium und teilten es unter sich auf. Der Historiker Mathias Bernath ist der Ansicht, dass es in dieser Situation keine autochthone Meinung geben konnte, weil es im ethno-politischen Sinne keine Mazedonier gab.[8] Dieser Begriff wurde von mazedonischen Slawen, Griechen, Türken und Albanern gleichermaßen als Ausdruck eines ethnisch indifferenten, geographisch geprägten regionalen Bewusstseins beansprucht.[9] Ähnlich sieht es Stefan Troebst, der das Entstehen eines Nationalstaates in Form einer jugoslawischen Republik als Voraussetzung für die Bildung der Nation betrachtet. So schreibt Troebst, dass Nationalsprache, Nationalliteratur, Nationalgeschichte und Nationalkirche zwar im Jahr 1944 noch nicht verfügbar waren, aber innerhalb kurzer Zeit fertiggestellt wurden.[10] Ebenso erklärt

---

[6] Vgl.: Ksenija Cvetković-Sander, Sprachpolitik und nationale Identität im sozialistischen Jugoslawien 1945-1991. Serbokroatisch, Albanisch, Makedonisch und Slowenisch, Wiesbaden 2011, S. 66.
[7] Vgl.: Torsten Szobries, Sprachliche Aspekte des nation-building in Mazedonien. Die kommunistische Presse in Vardar-Mazedonien 1940-1943 (= Studien zur modernen Geschichte, Stuttgart 1999), S. 47f.
[8] Vgl.: Mathias Bernath, Das mazedonische Problem in der Sicht der komparativen Nationalismusforschung, in: Südost-Forschungen 29 (1970), S. 237-248, hier S. 245.
[9] Vgl.: Ebda., S. 245.
[10] Vgl.: Stefan Troebst, Makedonische Antworten auf die Makedonische Frage 1944-1992. Nationalismus, Republiksgründung, nation-building, in: Südosteuropa 41 (1992), S. 423-442, hier S. 431.

er Mazedonien zu einer „Verwaltungsnation", die anderswo in Europa in einer derart reinen Kultur schwer zu finden ist.[11]

Aus persönlicher Sicht kümmerten sich die Bewohner der Region vor 1944 nicht darum, ihren Dialekt im ethno-nationalen Sinne zu definieren: Die lokalen und regionalen Dialekte wurden von ihren Sprechern weder als Zugehörigkeit zu einer bekannten kodifizierten Sprache noch als eigenständige „mazedonische" Sprache wahrgenommen. Wenn überhaupt, bezeichneten diese Sprecher ihre Sprache als „*naški*", „*našenki*" oder „*našinski*", was einfach „unsere Redewendung" bedeutet.[12] Diese These eines „ethno-politischen Niemandslandes", das bis weit ins 20. Jahrhundert hineinreichte, wird jedoch im späten 19. und frühen 20. Jahrhundert durch die mehrfachen Beobachtungen des Sprachwissenschaftlers Gustav Weigand, Mazedonien widerlegt: „Die Slawen Mazedoniens aber nennen sich, wenn man sie nach ihrer Nationalität fragt, . . . Bulgaren".[13] Die Popularität der serbischen Schulen auf mazedonischem Gebiet wurde von Weigand nicht mit der Nationalität der Schüler oder ihrer Eltern erklärt, sondern mit ihrer sozialen Situation und den guten Angeboten der Schulen. Weigand hielt die mazedonische Sprache, wie die meisten slawischen Behörden seiner Zeit, für einen bulgarischen Dialekt.

Die meisten westlichen Philologen, die sich derzeit mit mazedonischer Sprache beschäftigen, orientieren sich jedoch an den Positionen der mazedonischen Philologie und suchen lange vor Titos Sieg nach einem mazedonischen Nationalbewusstsein und einer mazedonischen Sprache. Harald Haarmann sieht das Mazedonische als geschriebene Tradition und führt aus, dass die ältesten slawischen Texte des 9. Jahrhunderts in dieser Sprachvariante geschrieben wurden.[14] Auburger stellt eine Reihe von mazedonischen Schriftstellern vor, die den Eindruck erweckten, dass sie im Laufe des 19. Jahrhunderts mit Menschen zu tun hatten, die ein ausgeprägtes, mazedonisches Nationalbewusstsein besaßen, sich der Auferlegung des bulgarischen Nationalgefühls und der bulgarischen Sprache entschieden widersetzten und explizit mazedonische Institutionen einrichteten.[15] Ähnlich sieht es der amerikanische Slawist Victor A. Friedman, dessen Periodisierung der mazedonischen Sprache und des Nationalismus 1794 begann. Obwohl er feststellt, dass die Autoren der ersten einheimischen, auf mazedonischem Boden verfassten Bücher ihre Sprache Bulgarisch nannten, können sie

---

[11] Vgl.: Ebda., S. 441.
[12] Vgl.: Stefan Troebst, Yugoslav Macedonia 1944-1953. Building the Party, the State and the Nation, in: Berliner Jahrbuch für osteuropäische Geschichte 2 (1992), S. 103-139, hier S. 124.
[13] Gustav Weigand, Die nationalen Bestrebungen der Balkanvölker, Leipzig 1989, S. 19.
[14] Vgl.: Harald Haarmann, Die Sprachenwelt Europas. Geschichte und Zukunft der Sprachnationen zwischen Atlantik und Ural, Frankfurt am Main/New York 1993, S. 302.
[15] Vgl.: Cvetković-Sander, Sprachpolitik, S. 69.

dennoch als die ersten angesehen werden, die in irgendeiner Form Bücher in mazedonischer Sprache herausgaben, da ihre Dialekte mazedonisch waren.[16] So stellt er den Autor Dimitar Miladinov als einen der Ersten vor, der sich als Mazedonier ausweist, obwohl er sich selbst als Bulgaren und seine Sprache als Bulgarisch betrachtet.

Ungefähr ab Mitte der 1850er Jahre bis zur Gründung des bulgarischen Staates im Jahr 1878 setzten sich immer mehr Kräfte für die ostbulgarischen Dialekte ein. Bei der Frage nach der dialektischen Grundlage der zu schaffenden bulgarischen Standardsprache beweisen jedoch einige Intellektuelle eine gewisse Loyalität gegenüber den mazedonischen Dialekten und fordern deren Einbeziehung in die bulgarische Schriftsprache.[17] Der bekannteste Vertreter dieser Ansicht war Partenija Zografski, der 1858 in seinem Artikel *Misli za bolgarskiot jazik* (Gedanken über bulgarische Sprache) in der Zeitung *Balgarski knizici* (Bulgarisches Schrifttum) den makedonischen Dialekt (*makedonsko narečije*) als Hauptgrundlage für die allgemeine Schriftsprache (*opoštij-ot pismennij jazik*) heranzieht, da sie voller und reicher (*po p'lno in po bogato*) war als die anderen Dialekte. Die Gründung des bulgarischen Exarchats im Jahr 1870 markierte schließlich einen wichtigen Wendepunkt im kulturellen und politischen Leben Mazedoniens, da es später von einem dichten Netzwerk bulgarischer Schulen überzogen wurde.

Der ersten und langen Zeit einzige, der Mazedonisch als eine vom Bulgarischen zu differenzierender Sprache beschrieb, war der Wanderarbeiter Georgi Pulevski, der 1875 in Belgrad ein mazedonisch-albanisch-türkisches Wörterbuch veröffentlichte. Dort hieß es, die Mazedonier seien ein Volk und ihr Platz sei in Mazedonien, aber Pulevski bezeichnete sie als slawisch-mazedonisch oder serbisch-mazedonisch.[18] Peter Bachmaier zeigt, dass die mazedonische Idee in Wirklichkeit erst nach dem Berliner Kongress und nicht zuletzt in Belgrad entstanden ist.

Die Verbreitung der serbischen Idee in Mazedonien stieß jedoch auf zunehmende Schwierigkeiten, weshalb die Leiter der serbischen Kulturpolitik überlegten, wie sie durch eine bessere Strategie ersetzt werden könnte, ohne das eigentliche Ziel aus den Augen zu verlieren.[19] In diesem Sinne schrieb Stojan Novaković im Jahr 1888 an die serbische Regierung:

---

[16] Vgl.: Victor A. Friedman, Macedonian Language and Nationalism during the Nineteenth und Early Twentieth Centuries, in: Balkanistica Occasional Papers in South East European Studies 2 (1975), S. 83-89, hier S. 85.
[17] Vgl.: Szobries, Sprachliche Aspekte, S. 50.
[18] Vgl.: Cvetković-Sander, Sprachpolitik, S. 70.
[19] Vgl.: Peter Bachmaier, Die Kulturpolitik Makedoniens 1944-1997, in: Walter Lukan und Peter Jordan (Hg.), Makedonien. Geographie, Ethnische Struktur, Geschichte, Sprache und Kultur, Politik, Wirtschaft, Recht, Wien u.a. 1998, S. 317-338, hier S. 317.

„Da die bulgarische Idee, wie es allen bekannt ist, in Mazedonien tiefe Wurzeln hat, glaube ich, daß es fast unmöglich ist, sie zu erschüttern, wenn man ihr nur die serbische Idee entgegenstellt... Die serbische Idee braucht einen Verbündeten, der scharf gegen das Bulgarentum auftritt und Elemente besitzt, die imstande sind, das Volk und das nationale Gefühl anzuziehen, und die es vom Bulgarentum trennen. Diesen Verbündeten sehe ich im Mazedonentum oder in Kultivierung weiter Grenzen des mazedonischen Dialekts und der mazedonischen Besonderheit."[20]

In Mazedonien wurde nach dem Ersten Weltkrieg durch die Friedenbestimmungen eine Situation geschaffen, in der ein großer Teil der probulgarischen Bevölkerung unter serbischer und griechischer Herrschaft lebte. Obwohl viele Bolschewiki eine probulgarische Lösung des Mazedoniens-Problems zu befürworten schienen, hatte die Komintern zunächst keine konkrete Lösung. Erst mit dem Aufstieg des Komintern-Zöglings Josip Broz Tito innerhalb der Kommunistischen Partei Jugoslawiens (KPJ) begannen die jugoslawischen Kommunisten, die slawischen Mazedonier als eigenständige Nation zu betrachten. In Mazedonien brachte die KPJ kurz vor Beginn des Zweiten Weltkrieges einen Wendepunkt in der Sprachgeschichte. Im Juli 1940 trat *Bilten*, ein Organ des Provinzialkomitees der KPJ für Mazedonien, erstmals illegal auf. Es brachte insofern eine sprachliche Neuheit, da es sowohl serbische Texte als auch Artikel in den Dialekten der mazedonischen Slawen druckte. Ab der dritten Ausgabe setzten sich die mazedonischen Redewendungen durch und machten *Bilten* zur ersten mazedonisch-sprachigen Zeitung überhaupt. Die Kämpfe, die die bulgarischen und jugoslawischen kommunistischen Gruppen 1941 dazu veranlassten, Vardar-Mazedonien (heute Nordmazedonien) zu beherrschen, spiegelten sich auch im Einfluss der serbischen und bulgarischen Sprache auf die mazedonischen Texte wider. Die Komintern unterstützte die Position Titos, wonach die Vorkriegsgrenzen des jugoslawischen Königreichs den Einflussbereich der KPJ markierten. Bereits 1942 kontrollierte die KPJ den größten Teil der kommunistischen Presse in Vardar-Mazedonien und setzte sich für eine unabhängige slawisch-mazedonische Nation als Mitglied der künftigen jugoslawischen Föderation ein. Der Einfluss der serbischen Sprache auf das Mazedonische verstärkte sich, aber auch die bulgarischen Elemente blieben präsent. Wie weit sich die slawisch-mazedonische Nation und Sprache nach dem Krieg ausbreiten würde, blieb zunächst offen. In einigen Proklamationen kündigte der KPJ die Vereinigung von Vardar-Mazedonien mit dem bulgarischen und dem griechischen Teil Mazedoniens an.[21] Hier und da

---

[20] Ebda., S. 317f.
[21] Vgl.: Stephan E. Palmer Jr., und Robert R. King, Yugoslav Communism and the Macedonian Question, Connecticut 1971, S. 111f.

8

waren zudem weitere Zusammenschlüsse des mazedonischen Volkes in Sicht, z.B. mit den bulgarischen und anderen Balkanvölkern.

Die Suche nach einem Alphabet

Um Vardar-Mazedonien an den neuen Tito-Staat zu binden, gründete der KPJ eine slawisch-mazedonische Republik. Die slawische Bevölkerung dieser Republik wurde von den staatlichen Behörden im Zwischenkriegsjugoslawien als serbisch angesehen, da die bulgarischen Besatzer während des Krieges einen Teil der bulgarischen Nation verkörpert hatten. Nun sollte diese slawische Bevölkerung in ihrem eigenen Staat eine eigene nationale, slawomazedonische Identität entwickeln.[22] Der Schlüssel für eine erfolgreiche Entwicklung dieser Identität schien in der Sprache zu liegen. Wer zugibt, dass er die slawomazedonische Sprache spricht, kann sich leichter davon überzeugen, auch zu den Slawomazedonien zu gehören, wie Stefan Troebst die Motivation des Parteiführers Titos zur Verbreitung der slawomazedonischen Sprache treffend zusammenfasst.[23] Die Einführung der „slawomazedonischen Volkssprache" als Amtssprache in der Volksrepublik Mazedonien wurde am 02. August 1944 im Kloster Sveti Prohor Pčinjski von der Antifaschistischen Versammlung der Volksbefreiung Mazedoniens (ASNOM), die sich erst eine Regierung und ein Parlament konstituiert hatte, beschlossen.

Nach der Befreiung von Skopje im Jahr 1944 organisierte das Bildungskomitee eine Konferenz zur Einführung des slawomazedonischen Alphabets und der slawomazedonischen Schriftsprache. Die Konferenz befasste sich dabei auch mit der Wahl des Dialekts, der die Grundlage der slawomazedonischen Schriftsprache bilden sollte. Sie überlegten, aus welchen Sprachen die slawomazedonische Sprache die für eine Schriftsprache notwendigen Elemente entnehmen sollte. In erster Linie wurde hier die russische Sprache genannt. Hristo Zografov sah in der Anleihe aus dem Russischen gleichzeitig die Möglichkeit einer Annäherung an das russische Brudervolk und schloss eine ähnliche Entwicklung für andere südslawische Sprachen nicht aus, die nach seiner Vorhersage in 100 Jahren eine gemeinsame jugoslawische Sprache entwickeln könnten.[24] Russisch als Reservoirsprache für das Slawomazedonische wurde allgemein begrüßt. Weitaus kontroverser als die dialektale Grundlage der neuen Literatursprache und die Funktion des Russischen im Slawomazedonischen wurde das slawomazedonische Alphabet debattiert. Es ergaben sich zwei Positionen: die Übernahme der

---

[22] Vgl.: Cvetković-Sander, Sprachpolitik, S. 121.
[23] Vgl.: Troebst, Yugoslav Macedonia, S. 124.
[24] Vgl.: Cvetković-Sander, Sprachpolitik, S. 122f.

serbischen Kyrilliza oder eine kyrillische Schrift mit einigen spezifischen slawomazedonischen Buchstaben für die slawomazedonische Laute. Vor allem die Reproduktion der Laute, die heute im slawomazedonischen Alphabet durch die Buchstaben ќ, ѓ, љ, њ (q, dz, lj, nj) dargestellt werden, sowie die Frage, ob hinsichtlich des Buchstabens ъ (a), der für den sogenannten Jerlaut erforderlich ist, das Slawomazedonische dem im bulgarischen Alphabet entspricht, erwiesen sich als umstritten.[25] Danach sollte man das Wort „schnell" in Slawomazedonisch so schreiben wie in Serbisch брзо und nicht wie in Bulgarisch бързо. Blaže Koneski befürwortete allgemein die vollständige Übernahme des von der serbischen Sprachreform Vuk Karadžić entworfenen Schriftsystems unter Berufung auf pädagogische, wirtschaftliche und sprachliche Argumente. Mirko Pavlovski forderte ein Alphabet mit slawomazedonischem Charakter. Dordi Soptrajanov schloss sich dieser Forderung mit der Begründung an, dass es in slawomazedonischen keine serbischen ђ und ћ (љ, њ – lj, nj) gibt, sodass man neue Grapheme für die entsprechenden Laute entwerfen müsse.[26]

Drei Monate nach der Konferenz sahen die jugoslawischen Kommunisten offenbar keine andere Möglichkeit, als die Frage des slawomazedonischen Alphabets selbst zu lösen. Am 15. Februar 1945 ernannte das ASNOM-Bildungskomitee ein Gremium, das in der Fachliteratur als Zweitsprachenkommission bezeichnet wird. Am 03. Mai 1945 verabschiedete die Sprach- und Rechtskommission des Bildungsministeriums eine Entschließung zum Alphabet. Laut dieser Kommission sollte es im neuen slawomazedonischen Alphabet zwei exklusive slawomazedonische Symbole anstelle des serbischen ђ und ћ geben: ќ und ѓ. Bald darauf entwarf die Kommission auch eine slawomazedonische Rechtsschreibung, die am 07. Juli 1945 vom Bildungsministerium der Republik gebilligt wurde.

Politische Implikation der Alphabet- und Sprachfrage

Die Debatte über das Alphabet brachte keine unterschiedlichen Positionen zum sowjetischen Einfluss in Jugoslawien ans Licht, sondern spiegelte vielmehr verschiedene politische Konzepte des slawomazedonischen Staates wider. Während der endgültige Beschluss zur Gründung einer mazedonischen Republik am 29. November 1943 vom Antifaschistischen Rat der Nationalen Befreiung für Jugoslawien (AVNOJ) in Jajce verkündet wurde, dauerte es noch mehr als sieben Monate, bis die mazedonischen Partisanen und Kommunisten eintrafen. Dann hatten sie die AVNOJ, als ähnliche republikanische

---

[25] Vgl.: Ebda., S. 123.
[26] Vgl.: Ebda., S.124.

parlamentarische Vertretung namens ASNOM – Antifaschistische Versammlung der Nationalen Befreiung von Mazedonien – gebildet. Im ASNOM-Präsidium waren alle Schlüsselpositionen von den Vertretern der Partisanenbewegung besetzt, die sich für die Vereinigung Mazedoniens einsetzten. Mitte April 1945, als ASNOM in ein reguläres Parlament umgewandelt wurde, übernahmen diese die Schlüsselpositionen in der mazedonischen Republik.[27]

Metodi Antonov Čento, Präsident von ASNOM und anschließend bis März 1946 Präsident des Parlaments von Mazedonien, vertrat die erste Gruppe, die an der Vereinigung von Mazedonien interessiert war. Čento suchte eine slawomazedonische Nation und einen slawomazedonischen Staat, aber während Lazar Koliševski die absolute Anlehnung an Jugoslawien akzeptierte und im Separatismus die Hauptgefahr für die Brüderlichkeit und die Einheit der jugoslawischen Völker sah, zögerte Čento nicht, sich in vielen wesentlichen Punkten gegen die jugoslawische Politik zu stellen. Čento drückte seine Unzufriedenheit mit dem neuen Alphabet aus, die auf der Verwendung eines serbischen Buchstabens beruhte. Čento verlor seinen Einfluss schließlich völlig, durfte jedoch noch ein Jahr, bis März 1946, als politisch machtloser Präsident der neuen Nationalversammlung von Mazedonien bleiben. Nach seiner Absetzung von diesem Posten kündigte er in einer öffentlichen Rede in Prilep an, in Südwest-Nordmazedonien, das Land zu verlassen, um den Vereinten Nationen die Gründe für ein unabhängiges und geeintes Mazedonien darzulegen. Gleich darauf wurde er jedoch verhaftet und Ende 1946 zu elf Jahren Zwangsarbeit verurteilt. Čentos Verhaftung löste in ganz Mazedonien Unruhen unbekannten Ausmaßes aus und es gibt Hinweise darauf, dass bei einem Protest in der mazedonischen Stadt Resen, in Südwest-Nordmazedonien, 37 Menschen von der Miliz getötet wurden.[28]

Zum Zeitpunkt der Festnahme von Čento stimmte ein Mazedonien, dass die Grenzen von Vardar-Mazedonien überschreiten sollte, den Zielen der KPJ noch zu. Dieses Mazedonien sollte in einen noch nicht genau definierten Verband eingebettet werden. Die BKP (Die bulgarische kommunistische Partei) lehnte einen Zusammenschluss mit Jugoslawien in dieser Hinsicht grundsätzlich nicht ab. Sie bestand jedoch auf einem Zusammenschluss von zwei gleichberechtigten Partnern. Im Sommer 1947 einigten sich Tito und der bulgarische Ministerpräsident Georgi Dimitrov im slowenischen Bled auf eine Reihe wirtschaftlicher und rechtlicher Maßnahmen, um die Verbindung zwischen beiden Ländern zu festigen. Unter

---

[27] Vgl.: Troebst, Yugoslav Macedonia, S. 109f.
[28] Vgl.: Ebda., S. 118f.

11

anderem einigten sie sich darauf, den Bulgaren, den Pirin-Mazedoniern, Minderheitenrechte und kulturelle Autonomie zu gewähren. Das bulgarische Parlament verabschiedete bald ein Gesetz, das den slawomazedonischen Sprach- und Geschichtsunterricht in Pirin-Mazedonien regelte. Die jugoslawische Regierung setzte ungefähr neunzig Lehrer aus Vardar-Mazedonien ein, die in Bulgarien dienen sollten. Außerdem wurde eine Zeitschrift für die bulgarischen Mazedonier herausgegeben.[29]

In der ersten Nachkriegszählung von 1946 sollen laut konsistenten bulgarischen und jugoslawischen Berichten rund 70% der Bevölkerung in der Provinz Blagoevgrad, dem Zentrum Pirin-Mazedoniens, als „Mazedonier" bezeichnet worden sein.[30] Die KPJ bemühte sich also tatsächlich, die Losung der Widerstandsbewegung für ein freies und geeintes Mazedonien umzusetzen und die bulgarischen kommunistischen Führer schlossen sich an. Čento und Venko Markovski plädierten nachdrücklich für die Festigung einer slawomazedonischen Identität und wollten nicht auf die in Bulgarien üblichen Bausteine dieser Identität verzichten, um stattdessen die mazedonisch-serbischen oder mazedonisch-jugoslawischen Beziehungen zu stärken. Noch mehr als vor Čento und seinen Anhängern hatte die Partei möglicherweise Angst vor den tatsächlichen persönlichen Bindungen zwischen dem Čento-Flügel und jenen Kreisen, welche die Partei zu Feinden ohne Wenn und Aber machten, nämlich den Slawomazedoniern mit bulgarischem Nationalismus, die entweder ein zu Bulgarien gehörendes Vardar-Mazedonien unterstützten oder auf ein einheitliches, unabhängiges Slawomazedonien abzielten.

Das April-Plenum der BKP, die an der Spitze der Partei Nikita Sergejevič Chruščov (Nikita Chruschtschow) folgte, beendete schließlich die in der Tat gewaltige theoretische Verwirrung in Bezug auf Mazedonien, was jedoch erst ab 1958 von den neuen öffentlich Linien genutzt werden konnte. Während bis 1948 die Existenz eines slawomazedonischen Volkes in allen drei Teilen Mazedoniens mit der Jugoslawischen Volksrepublik Mazedonien als verwaltungspolitischem Zentrum das Dogma gewesen war, kam es nach dem Tito-Stalin-Bruch zu einer ewigen Verwirrung. Manchmal wurde der bulgarische Blagoevgrad als die wahre Heimat der „slawomazedonischen" Nation in bewusster Opposition gegen die Republik der Titofaschisten und Verräter von Lazar Koliševski in Vardar-Mazedonien apostrophiert, manchmal wurde eine slawomazedonische Unabhängigkeit in Bulgarien verweigert.[31]

---

[29] Vgl.: Cvetković-Sander, Sprachpolitik, S. 131.
[30] Vgl.: Stefan Troebst, Die bulgarisch-jugoslawische Kontroverse um Makedonien 1967-1982 (= Untersuchungen zur Gegenwartskunde Südosteuropas, München 1983), S. 12.
[31] Vgl.: Ebda., S. 74.

Im jugoslawisch beherrschten Mazedonien war die von Markovski und Čento vertretene Option der Identität von Slawomazedonien tabu. Ihre Namen wurden unterdrückt und in den seltenen Fällen, in denen sie noch erwähnt wurden, wurden sie mit Nationalisten, Anhängern der Sowjetunion oder Partisanen Bulgariens gleichgesetzt. Die slawomazedonische Linguistin Radmila Ugrinova-Skalovska schloss Markovski aus dem Kanon der slawomazedonischen Schriftsteller aus und argumentierte, dass seine Dichtung aufgrund zahlreicher bulgarischer Elemente keine Nachfolger habe.[32] Die Stigmatisierung von Markovski als Gegner der slawomazedonischen Nation wurde umso leichter erreicht, da er, der bereits in Bulgarien lebte, eine slawomazedonische Identität entwarf, die als regionale Identität innerhalb eines überlegenen bulgarischen Nationalbewusstseins verstanden werden konnte.

Der mazedonisch-bulgarische Streit um eine mazedonische Standardsprache

In Titos Jugoslawien blühte der Mazedonismus auf. Die Sprache, deren Dialektbasis und Alphabet erst 1944 festgelegt worden war, verfügte bereits in den 1970er Jahren über alle grundlegenden Werke zum Sprachkodex. Nachdem Blaže Koneski 1952 und 1954 die zweibändige Grammatik der mazedonischen Schriftsprache veröffentlichte, erschien 1970 eine große Orthographie, die erste vorbereitete mazedonische Orthographie.[33] Mitte der 1980er Jahre existierten nur zwanzig Monographien, die sich mit den mazedonischen Dialekten befassten. In den 1980er Jahren begannen die mazedonischen Philologen dann eine Reihe von Projekten zur Geschichte Mazedoniens, von denen einige noch vor dem Zusammenbruch Jugoslawiens abgeschlossen werden konnten. Die Schlüsselfigur in der mazedonischen Linguistik bis zum Ende der sozialistischen Ära war dabei Blaže Koneski.

Nach einer Phase der Unentschlossenheit infolge des Tito-Stalin-Streits von 1948 hinsichtlich der Anerkennung des Mazedonischen als Sprache oder der Mazedonier als Nation kehrte Bulgarien insgesamt zu seinem nationalen Standpunkt aus der Vorkriegszeit zurück, demzufolge die nach dem Krieg als mazedonisch definierte Bevölkerung bulgarisch sein musste. Die Verhandlungen zwischen der jugoslawisch-mazedonischen und der bulgarischen Partei im Jahr 1967 über die mazedonische Frage führten jedoch nicht zu einem für beide Seiten akzeptablen Ergebnis. Im Jahr 1971 signalisierten die Bulgaren in der mazedonischen Frage dann mehr Kompromissbereitschaft als zuvor. 1972 wurde ein Austausch zwischen den

---

[32] Vgl.: Cvetković-Sander, Sprachpolitik, S. 132.
[33] Vgl.: Ebda., S. 382.

Kulturinstitutionen beider Seiten vereinbart, einschließlich einer bulgarischen Teilnahme am Seminar über mazedonische Sprache, Literatur und Kultur in Ohrid in Südwest-Nordmazedonien. 1973 kam es zur Unterzeichnung eines mazedonischen Abkommens, das eine Zusammenarbeit zwischen den Universitäten von Skopje und Sofia vorsah, einschließlich der Erörterung der mazedonischen Sprache und Literatur. Letztendlich war die bulgarische politische Führung jedoch nicht bereit, das jugoslawische Konzept der mazedonischen Nation zu legitimieren.

Als die jugoslawische Partei im Sommer 1978 bekannt gab, dass die Nichtanerkennung der mazedonischen Minderheit in Bulgarien gegen die Charta der Vereinten Nationen und die Schlussakte von Helsinki verstößt, eskalierte der Konflikt. Es bestand kein Zweifel, was der Status der slawischen Bevölkerung im jugoslawischen Teil Mazedoniens aus bulgarischer Sicht war. Es ging immer um Fleisch und Blut aus dem Blut der bulgarischen Erde und des bulgarischen Volkes. Noch 1978 veröffentlichte die bulgarische Akademie der Wissenschaft in der Zeitschrift *bàlgarski ezik* einen umfassenden Artikel über das Mazedonische mit dem höchsten Anspruch auf Offizialität. Die bulgarische Akademie charakterisierte das Mazedonische als regionale Form der bulgarischen Literatursprache.[34] Die Behauptungen mazedonischer Linguisten, Mazedonisch sei eine eigene Sprache, wies die bulgarische Akademie als völlig unbegründet zurück. In Bezug auf die Einführung des Mazedonischen als Amtssprache in der jugoslawischen Republik Mazedonien im Jahr 1944 wurde folgendes behauptet: ASNOM hätte einfach zu einer bestimmten Zeit und an einem bestimmten Ort sowie in Gegenwart eines vollständig ausgebildeten mazedonischen Nationalbewusstseins das Recht der mazedonischen Nation auf eine weitere freie Verwendung ihrer Literatursprache erklärt.

Die „neue" mazedonische Frage

Mit der Unabhängigkeitserklärung der Republik Mazedonien durch die „Sozialistische Bundesrepublik Jugoslawien" am 18. September 1991 traten der mazedonische Staat und die mazedonische Nation endlich der internationalen Gemeinschaft bei. Für Bulgarien gibt es jedoch keine eigenständige mazedonische Kulturnation, da nach bulgarischer Auffassung die ethnischen oder slawischen Mazedonier Teil der bulgarischen Kulturnation sind. Ebenso ist aus bulgarischer Sicht die mazedonische Sprache keine eigenständige Sprache, sondern ein westbulgarischer Dialekt. Dennoch war Bulgarien der erste Staat, der die „Republik

---

[34] Vgl.: Ebda., S. 384.

14

Mazedonien" am 16. Jänner 1992 nach internationalem Recht anerkannte. Diese Anerkennung umfasste jedoch nicht die mazedonische Kulturnation.

Griechenland weigert sich bis heute zu akzeptieren, dass der mazedonische Staat den Namen „Mazedonien" verwendet. Dementsprechend lehnte Griechenland auch die Bedingungen für die mazedonische Nation, Sprache und Staatsbürgerschaft ab. Nach griechischer Auffassung war und ist Mazedonien rein hellenische Natur. Bereits im Mai 1991 kündigte Griechenland an, die internationale Anerkennung der Republik Mazedonien unter ihrem verfassungsmäßigen Namen verhindern zu wollen. Einen Monat zuvor, am 15. April 1991, änderte die jugoslawische Republik Mazedonien ihren Nationalen Namen von „Sozialistische Republik Mazedonien" in „Republik Mazedonien". So entstand zwischen der Republik Mazedonien und Griechenland der sogenannte Namenstreit, der an sich ein Kulturstreit um Mazedonien ist. Eine neue Verfassung für die nunmehr unabhängige Republik Mazedonien wurde am 20. November 1991 proklamiert. Nach dieser formellen Unabhängigkeitserklärung und ihrer inhaltlichen Umsetzung durch eine neue Verfassung forderte die damalige griechische Regierung unter ihrem Ministerpräsidenten Konstantin Mitsotakis am 04. Dezember 1991 die Republik Mazedonien zu Folgendem auf: Verzicht auf den Namen „Mazedonien", der ein geographisches Gebiet und keine ethnische Einheit bezeichnet, eine Erklärung, dass die Republik Mazedonien keine Ansprüche gegen Griechenland erhebt und eine Erklärung, dass es in Griechenland keine „mazedonische" Minderheit gibt. Mit dieser Forderung setzte die griechische Regierung ihre Ankündigung vom Mai 1991 in das außenpolitische Gesetz um und der sogenannte Namenstreit wurde zu einem internationalen Konflikt, der aktuell endlich eine Lösung gefunden hat. Am 12. Juni 2018 wurde die Namensänderung in die Republik Nordmazedonien eingeleitet. Im Jänner 2019 wurde die Verfassung geändert und die Namensänderung trat am 12. Februar 2019 in Kraft.

Die Identität der modernen slawomazedonischen Nation und damit die Staatlichkeit der Republik Mazedonien wird auch von den Nachbarländern in Frage gestellt, da der Anteil der albanischen Bevölkerung in Mazedonien eine Größe zwischen 33 und fast 50% erreicht haben soll. Solange der rechtliche Status dieser Minderheit, die sich als konstituierende und damit als mit-staatsragende Gruppe verstehen möchte, nicht klar geklärt ist[35], besteht ein großes Problem für die Zukunft Mazedoniens. In den späten 1980er Jahren, als die Autonomie des Kosovo aufgehoben wurde und die Unterdrückung der albanischen Bevölkerung erheblich zunahm,

---

[35] Vgl.: Max Demeter Peyfuss, Gedanken zur Konfliktzone Makedonien, in: Valeria Heuberger u.a. (Hg.), Der Balkan. Friedenszone oder Pulverfaß, Wien u.a. 1996, S. 113-126, hier S. 120.

fanden diese Entwicklungen auch in der Sozialistischen Republik Mazedonien zu beobachten. Die albanische Sprache wurde aus der Öffentlichkeit entfernt. Albanischen Familien wurde verboten, ihre Kinder mit albanischen Namen zu benennen, da dies zu Spaltungen mit den anderen Gemeinden in der Republik führte. Schließlich wurde albanischen Familien darüber hinaus untersagt, mehr als zwei Kinder zu haben, um die signifikante hohe Geburtenrate der albanischen Bevölkerung zu senken. Diese Assimilationskampagne zeigt deutlich, dass die geänderte Verfassung im Jahr 1990 den Staat von einem Staat des mazedonischen Volkes und der albanischen und türkischen Nationalität zu einem Nationalstaat des mazedonischen Volkes umdefinierte.

Im Jahr 1992 organisierten die Albaner in Struga, Südwest-Nordmazedonien, ein Referendum über die territoriale Autonomie. Mit der Begründung, dass dieses Vorhaben sezessiv sei, erklärte die mazedonische Regierung das Referendum für illegal. Der Rat der politischen Partei Albaniens im ehemaligen Jugoslawien entschied, dass die Autonomie die letzte Option der Albaner in der Republik Mazedonien darstellen würde, wenn alle anderen demokratischen Bemühungen scheiterten. Im Jahr 1994 beschäftigte sich ein Bericht des US-Außenministeriums mit den Menschenrechten in Mazedonien und berichtete, dass dort die folgenden Formen der Diskriminierung ethnischer Albaner existierten: eingeschränkter Zugang zu Medien und Bildung in albanischer Sprache, schlechte Vertretung in öffentlichen Berufen, schlechte Vertretung im Polizeikorps, schlechte Vertretung im Offizierskorps und die Verweigerung der Staatsbürgerschaft gegenüber vielen langjährigen Angehörigen der albanischen Volksgruppe in Mazedonien sowie Diskriminierung bei der Beantragung der Staatsbürgerschaft. Die Beschwerden ethnischer Minderheiten nahmen kontinuierlich zu. Im Februar 2001 eskalierten offene Feindseligkeiten und es entwickelten sich bürgerkriegsähnliche Zustände. Der Aufstand wurde von der Nationalen Befreiungsarmee im Nordwesten und Norden des Landes an der Grenze zum Kosovo bzw. zu Serbien angeführt. Unter internationaler Vermittlung wurde im Juli 2001 ein Waffenstillstand vereinbart.

Dieses Ohrid-Rahmenabkommen soll eine angemessene Vertretung der albanischen Minderheit in Politik und Verwaltung sicherstellen und die Nationale Befreiungsarmee entwaffnen. Ein wesentlicher Bestandteil des Abkommens ist beispielsweise die Gleichstellung der albanischen und der mazedonischen Sprache in den Gemeinden. Die nordmazedonische Verfassung besagt, dass eine Sprache in Nordmazedonien, die mehr als 20% ausmacht, als zweite Landessprache gilt.[36] Laut der letzten Volkszählung des Landes im Jahr 2002 entsprach der Anteil der albanisch-sprachigen Bevölkerung 25% der Gesamtbevölkerung. Einige albanische Parteien, Organisationen und Nichtregierungsorganisationen schätzen die Zahl der ethnischen Albaner jedoch noch weitaus höher ein. Dazu gehören auch die orthodoxen Albaner, die sich aufgrund politischer Hintergründe als „Slawomazedonier" vorstellen. Im Jahr 2011 wurde die Volkszählung in Nordmazedonien abgebrochen. Sie sollte ein aktuelles Bild davon liefern, wie viele Menschen im Land leben und wie viele Haushalte es gibt. Darüber hinaus war die ethnische Zusammensetzung der Bevölkerung zu beachten. Ein Anstoß für die Volkszählung war es, bestimmen zu können, wer alles als Bürger Mazedoniens gezählt werden sollte. Besonders problematisch war diesbezüglich die Entscheidung, dass jene Bürger, die länger als ein Jahr im Ausland lebten, nicht mitgerechnet werden sollten. Die politischen Parteien der Albaner in Mazedonien sahen die Gefahr einer wesentlichen Änderung der Ergebnisse der Volkszählung von 2002.

Das Ohrid-Abkommen wurde von den nachfolgenden Regierungen zwar erfüllt, aber bis es endgültig in Kraft trat, sollten die Albaner noch 17 Jahre warten. Im Jahr 2018 wurde das Abkommen schließlich umgesetzt, jedoch wird es nicht vollständig respektiert und die soziale Gleichstellung der Albaner mit dem slawomazedonien Volk wurde bis zum heutigen Tag nicht erreicht. Die regierende nationalkonservative mazedonische Partei VMRO DPMNE (Die Innere Mazedonische Revolutionäre Organisation – Demokratische Partei für Mazedonische Nationale Einheit) hat bereits früher behauptet – und tat es bis 2016, als eine neue mazedonische Partei (SDLM – Die Sozialdemokratische Liga Mazedoniens) die Regierung in Nordmazedonien übernahm -, dass die Volkzählung im Jahr 2002 manipuliert wurde. Die nächste Volkszählung in Nordmazedonien findet im Jahr 2020 statt. Diese Volkszählung ist auch ein Befehl Europas, insbesondere Deutschlands und Frankreichs, da Nordmazedonien der einzige Staat in Europa ist, der noch keine bestimmte Bevölkerungszahl aufweisen kann.

---

[36] Amendment 5, Punkt 1, zur Verfassung des Nordmazedonien: „Gjuhë tjetër që e flasin së paku 20% e qytetarëve, gjithashtu, është gjuhë zyrtare dhe alfabeti i saj" (Eine weitere Sprache, die von mindestens 20% der Bürger gesprochen wird, ist die Amtssprache und ihr Alphabet).

Zusammenfassung

Die Mazedonier vereinigten im Allgemein eine natürliche Hierarchie von Sprachen in den Institutionen der jugoslawischen Föderation. Diese Unterordnung der kleinen gegenüber der größeren Sprache resultierte nicht zuletzt aus der spezifischen Laufbahn der mazedonischen Schriftsprache, die erst am Ende des Zweiten Weltkrieges unter der politischen Unterstützung von Titos Partisanen entstanden war. Während die Wahl des zentralmazedonischen Dialekts als Grundlage für die zukünftige Standardsprache einfach war, führte die Frage nach dem Alphabet zu einer Kontroverse. Diese Kontroverse drückte die Meinungsverschiedenheit der mazedonischen Kommunisten über die Definition des mazedonischen Staates und den Grad seiner Autonomie aus. Venko Markovski plädierte für ein mazedonisches Schriftsystem, das sich durch einige ausschließlich mazedonische Grapheme sowie ein bulgarisches Graphem von dem serbischen Alphabet absetzen sollte. Blaže Koneski dagegen plädierte für die vollständige Übernahme der serbischen Kyrilliza in der neuen mazedonischen Standardsprache. Unter dem Einfluss der KPJ wurde schließlich die Entscheidung für ein mazedonisches Alphabet getroffen, das kein bulgarisches Graphem enthielt und sich vom serbischen Alphabet durch drei ausschließlich mazedonische Buchstaben unterschied. Darüber hinaus ließen sich die mazedonischen Sprachwissenschaftler in den ersten Jahren des Bestehens der mazedonischen Schriftsprache auf Anleihen aus dem Russischen, Bulgarischen und Serbischen ein. Nach den politischen Umwälzungen infolge des Tito-Stalin-Konflikts distanzierte sich die mazedonische Schriftsprache jedoch bald vom Russischen.

Der Konflikt mit Griechenland hat in den letzten Jahren endlich eine Lösung gefunden. Griechenland erkannte Mazedonien als Staat unter dem geographischen Namen Nordmazedonien an. So ist für Nordmazedonien der Weg frei, der Europäische Union beizutreten. In dem Konflikt mit Bulgarien gibt es jedoch bis heute noch keine Lösung. Das Problem mit den Albanern ist zwar gelöst, aber eine weiterhin umstrittene Frage, die noch eine Antwort benötigt, ist die nach der Anzahl der in Nordmazedonien lebenden Albaner bzw. Einwohner insgesamt. Die Antwort auf diese Frage wird man in der nächsten Volkszählung im Jahr 2020 finden.

Schließlich ist insgesamt niemand mehr gegen Nordmazedonien als Nation, weil es inzwischen die gleichen Grundlagen für eine „Nation" erfüllt, wie andere Staaten: Eine Standardsprache, die aus einem bulgarischen Dialekt entwickelt wurde und eine mazedonische Ethnie, die in Verbindung mit den Slawen steht.

Literaturverzeichnis

Adanir, Fikret, Die makedonische Frage. Ihre Entstehung und Entwicklung bis 1908, Wiesbaden 1979.

Bachmaier, Peter, Die Kulturpolitik Makedoniens 1944-1997, in: Lukan, Walter und Jordan, Peter (Hg.), Makedonien. Geographie, Ethnische Struktur, Geschichte, Sprache und Kultur, Politik, Wirtschaft, Recht, Wien u.a. 1998, S. 317-388.

Bernath, Mathias, Das mazedonische Problem in der Sicht der komparativen Nationalismusforschung, in: Südost-Forschungen 29 (1970), S. 237-248.

Cvetković-Sander, Ksenija, Sprachpolitik und nationale Identität im sozialistischen Jugoslawien 1945-1991. Serbokroatisch, Albanisch, Makedonisch und Slowenisch, Wiesbaden 2011.

Friedman, Victor A., Macedonian Language and Nationalism during the Nineteenth and Early Twentieth Centuries, in: Balkanistica. Occasional Papers in South East European Studies 2 (1975), S. 83-89.

Haarmann, Harald, Die Sprachenwelt Europas. Geschichte und Zukunft der Sprachnationen zwischen Atlantik und Ural, Frankfurt am Main/New York 1993.

Palmer, Stephan E. Jr., und King, Robert R., Yugoslav Communism and the Macedonian Question, Connecticut 1971.

Peyfuss, Max Demeter, Gedanken zur Konfliktzone Makedonien, in: Heuberger, Valeria u.a. (Hg.), Der Balkan. Friedenszone oder Pulverfaß, Wien u.a. 1996, S. 113-126.

Szobries, Torsten, Sprachliche Aspekte des nation-building in Mazedonien. Die kommunistische Presse in Vardar-Mazedonien 1940-1943 (= Studien zur modernen Geschichte, Stuttgart 1999).

Troebst, Stefan, Von der Makedonischen Frage zur Albanischen Frage, in: Heuberger, Valeria u.a. (Hg.), Der Balkan. Friedenszone oder Pulverfaß, Wien u.a. 1996, S. 127-138.

Troebst, Stefan, Makedonische Antworten auf die Makedonische Frage 1944-1992. Nationalismus, Republiksgründung, nation-building, in: Südosteuropa 41 (1992), S. 423-442.

Troebst, Stefan, Yugoslav Macedonia 1944-1953. Building the Party, the State and the Nation, in: Berliner Jahrbuch für osteuropäische Geschichte 2 (1994), S. 103-139.

Troebst, Stefan, Die bulgarisch-jugoslawische Kontroverse um Makedonien 1967-1982 (= Untersuchungen zur Gegenwartskunde Südosteuropas, München 1983).

Weigand, Gustav, Die nationalen Bestrebungen der Balkanvölker, Leipzig 1898.

BEI GRIN MACHT SICH IHR WISSEN BEZAHLT

- Wir veröffentlichen Ihre Hausarbeit,
  Bachelor- und Masterarbeit

- Ihr eigenes eBook und Buch -
  weltweit in allen wichtigen Shops

- Verdienen Sie an jedem Verkauf

Jetzt bei www.GRIN.com hochladen
und kostenlos publizieren